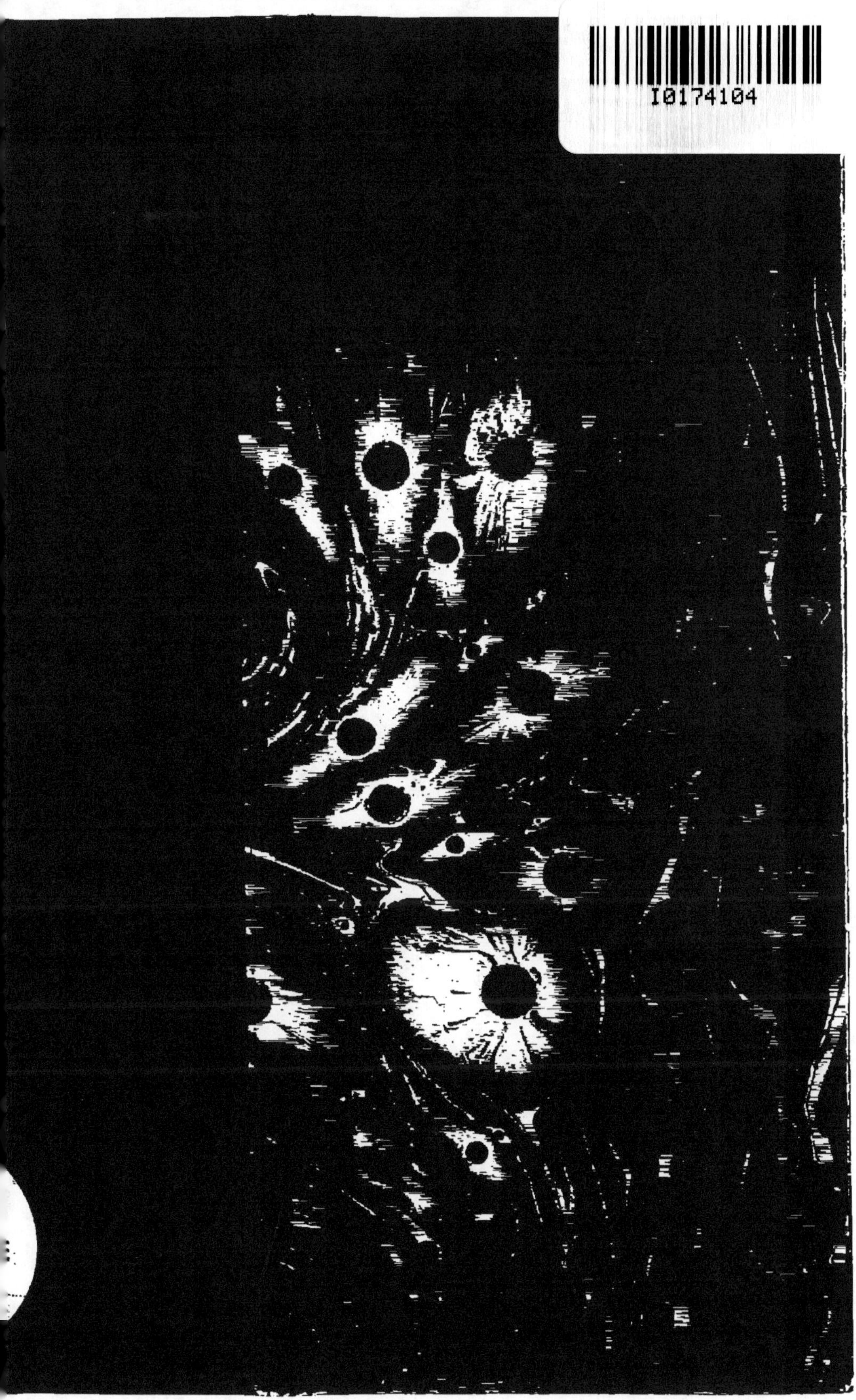

AUX PARISIENS.

OBSERVATIONS

Sur l'origine & l'accroissement de Paris, &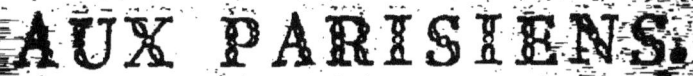
moyens d'en prévenir l'entiere décadence.

Par un de leurs plus zélés Concitoyens,

M. L. D. V.

AUX PARISIENS.

OBSERVATIONS

Sur l'origine & l'accroissement de Paris, & moyens d'en prévenir l'entiere décadence.

Par un de leur plus zélés Concitoyens,

M. L. D. V.

Quelle est la fin de l'association politique ? C'est la conservation & prospérité de ses Membres.
J. J. Rousseau.

Cyrus détourna le cours de l'Euphrate, & Babylone fut prise. On détourne, on obstrue tous les canaux qui vivifiaient Paris ; le sort qu'éprouva la Capitale d'Asie est donc réservé à celle de France.

On s'est accoutumé à répéter que Paris s'est trop accru, qu'il devenait presque impossible & de le gouverner, & de le nourrir. C'est un monstre, dit quelque part l'illustre Montes-

A

qui eu, c'est un monstre qui dévore nos provinces. C'est à peu près comme si le Cultivateur appellait monstres ceux qui consomment ses denrées; & le Fabriquant, ceux qui le débarraffent des productions de sa fabrique. Paris est un très-grand & très-utile débouché pour les Provinces; il ne produit presque rien de ce qu'elles produisent, & peut leur fournir une grande partie de ce qui leur manque.

Il ne rivalise point non plus avec elles chez l'Étranger. Le Languedoc, la Bourgogne, la Champagne, peuvent lui vendre leurs vins; Cognac & Orléans, leurs eaux-de-vie; la Provence ses huiles; la Normandie ses chevaux; le Limosin ses bœufs, &c. &c. Paris n'aura jamais rien de cette espèce à leur opposer, ni à leur proposer. Paris, tranchons le mot, est donc auffi nécessaire aux Provinces, qu'elles-mêmes le sont à Paris.

Cette Ville ne se soutiendra jamais que par les arts du goût & du luxe. Comme ces arts, eux-mêmes, ne peuvent se soutenir qu'au sein d'une grande ville, & d'une ville opulente. (*)

(*) La ruine de Paris entraînerait nécessairement celle des plus grandes villes du Royaume, qui tirent la majeure partie de leur éclat & de leurs richesses, des relations de commerce, de banque & de finance

Il semble, au surplus, que depuis environ dix-huit siécles, la Nature ait destiné Paris à figurer avec éclat sur la terre : il n'était presque rien encore sous Jules-César, & déjà César lui-même le comptait pour quelque chose : Clovis en fit sa résidence ordinaire. Cette Ville devint un objet de jalousie entre ses successeurs. On sait qu'il partagea son Royaume entre ses quatre fils ; ses descendans userent du même privilége, & souvent la France se trouva en même tems soumise à trois ou quatre Souverains ; alors Paris était dévolu à tous, sans appartenir à aucun. Ils convenaient entr'eux de n'y entrer jamais l'un sans l'autre. Chilpéric premier oublia une fois cette convention, & cet oubli pensa lui coûter sa part dans l'héritage de son frere Chérébert qui, par sa mort, lui laissait un Royaume à partager avec Gontran, son autre frere.

Cette jalousie retarda l'accroissement de Paris sous la premiere race, & il fut négligé par la seconde. Charlemagne lui préférait Aix-la-Chapelle, quand il daignait préférer une ville à un camp. Ce fut Huges-Capet, Marquis de France, &c., & en particulier Seigneur de

---

qu'elles ont avec cette Capitale du Royaume, telles que Lyon, Rouen, &c.

Paris, qui, devenu Roi, commença la vraie splendeur de cette Capitale. Ses succeffeurs n'ont ceffé d'ajouter à ce qu'il avait fait. On voit par la trace des murs dont Philippe Augufte environna Paris, ce qu'il était déjà devenu.

L'hiftoire nous apprend que Louis XI voulut un jour paffer en revue tous les Habitans de cette Ville en état de porter les armes. Il en fortit foixante & dix mille hommes, tous armés, tous capables de marcher à l'ennemi.

Cette progreffion fubite paraîtra fans doute étonnante. Paris en était particulierement redevable à fon heureufe pofition phyfique : il femble en effet que la Nature ait dit à chaque Parifien : « j'ai placé fous ta main, d'un côté » le plâtre, & de l'autre la pierre ; arme-toi » d'une truelle, & bâtis à ton gré ».

Le Parifien obéit, & Paris eft devenu immenfe. Mais à mefure qu'il s'accroiffait, on s'occupa du foin d'accroître fes reffources : fes attributions fe multiplierent. Philippe-le-Bel rend le Parlement fédentaire à Paris, & avec lui la Cour des Pairs. Le Grand-Confeil fut établi. Le reffort du premier de ces Tribunaux embraffait la moitié du Royaume ; le dernier, toute la France ; je reviendrai fur les autres.

On vit, d'autre part, François premier attirer des femmes à fa cour, & alors les donjons furent abandonnés. Ceux qui les quitterent ne fe bornerent point à faire conftruire des maifons ; il leur fallut des Hôtels. Les beaux arts étaient accourus en France, à la voix de François premier ; ils feconderent fes magnifiques deffeins, & offrirent à fes Courtifans des jouiffances toutes nouvelles.

De fon côté, le Roi couvrait Paris, & fes environs, de fuperbes Palais. Il fut incité par Henri II, fon fils, par ce Henri, dis-je, qui dut, peut-être, plus fa magnificence à fa galanterie qu'à fon goût naturel.

Les troubles dogmatiques, les guerres de la Ligue, firent dépofer aux Parifiens la truelle pour arborer l'épée. Une grande partie des Habitans de Paris l'abandonna avant qu'il fût affiégé, ou périt durant le fiége. On n'y comptait pas deux cens mille individus quand il fe rendit : on en comptait le double, & plus, fous le regne de Louis XIII, & prefque encore le double en fus, fous celui de Louis XIV.

Paris, fous ce grand Roi, devint le rendez-vous, ou plutôt la Ville de toutes les Nations, la Patrie des arts, du goût & des lumieres. Là l'induſtrie étalait journellement de nouveaux progrès. On ſait que le voiſinage de la richeſſe eſt pour elle un puiſſant véhicule ; mais ce n'eſt que dans les grandes cités qu'il ſe rencontre. « Une petite ville, a dit un Philoſophe » ancien, une petite ville ne peut rien ni pour » elle, ni pour autrui ».

C'eſt Ariſtote qui s'exprime ainſi. Son opinion peut bien, ſans doute, en balancer une autre : Paris a beſoin abſolument de reſter ce qu'il eſt, ou plutôt de redevenir ce qu'il était. Le réduire à moins, c'eſt vouloir l'anéantir.

Il eſt difficile de ſoumettre au calcul les pertes qu'il a déjà faites, & celles dont il eſt menacé. Le reſſort de ſon Parlement, qui embraſſait d'abord la totalité du Royaume, s'étend encore aujourd'hui ſur près de la moitié ; peut-être ſera-t-il bientôt reſtreint à la mince liſiere de cette Capitale. Tout le Royaume reſſortiſſait au Grand-Conſeil. Il n'exiſte déjà plus : la Cour des Aides, ſi long-tems ſans rivale, éprouve le ſort du Grand-Conſeil ; une Chambre des Comptes qui embraſſe les Généralités *de Paris, celles de Soiſſons, Amiens, Orléans, Châlons, Bourges, Moulins, Poitiers, Limoges, Lyon, Bordeaux, Montauban, la Rochelle*

& *Tours*, n'aura bientôt plus ni reſſort, ni fonctions.

La Cour des Monnoies n'eſt qu'un démembrement de celle des Comptes : cependant ſon reſſort s'étend preſque ſur toute la France.

La Prévôté, les Requêtes de l'Hôtel, les Requêtes du Palais, la Connétablie, s'étendent ſur tout le Royaume, ſans exception.

La Prévôté & Vicomté du Châtelet de Paris s'étend non-ſeulement ſur la Ville & banlieue, mais encore ſur 584 autres Villes, Bourgs, Villages & Communautés. Le Sceau du Châtelet, qu'il n'aura bientôt plus, eſt la Toiſon d'Or enlevée à la Colchide.

Je laiſſe à l'écart une foule d'autres Juriſdictions, la plûpart très-importantes, telles que la Table de Marbre, le Bureau des Finances, les Eaux & Forêts, l'Amirauté, Baillage du Palais, Conſuls, Chambre du Domaine, &c. &c.

Revenons aux objets vraiment capitaux. Lorſque, ſous François premier, en 1542, on diviſa la France par Généralités, Paris devint la plus conſidérable du Royaume ; elle l'était, dis-je, & par ſon étendue, & par les puiſſantes rétributions qu'elle verſait au Tréſor Royal.

A 3

Elle contient à peu près trois mille lieues quarrées de superficie, & vingt-deux Elections; ce qui forme à peu près la dixième partie de toute la France. Son Election seule renferme 13 villes, 21 bourgs, 442 paroisses.

On en compte 474 dans le Diocèse de Paris, outre 31 Abbayes, 66 Prieurés, 256 Chapelles, sans y comprendre celles de la Cathédrale, 184 Monasteres, 34 Maladreries, 7 Doyennés, & 23 Chapitres.

Il est superflu d'observer que toutes ces extensions, & attributions successives, avaient pour objet d'alimenter Paris, à mesure qu'il s'aggrandissait, ou plutôt de favoriser son aggrandissement.

Mais à quoi bon ces détails ? Les avantages dont jouissait Paris ou sont disparus, ou vont bientôt disparaître.

Bientôt, d'après ces mêmes pertes, Paris ne sera plus que l'ombre de ce qu'il est encore : il lui faut souvent de nouvelles Colonies, & ses principaux colons l'abandonnent. On quitte la Tour de Babel pour aller construire Ninive.

Parlons sans figure. Voilà Paris à qui il reste à peine le vol du chapon, à peine assez de territoire pour enterrer salubrement ses morts.

Il lui reste, je l'avoue, une partie de ses carrieres, mais bien peu d'espérance d'en avoir besoin.

Charonne & la Porte-Maillot, le Bourget & Vaugirard, seront pour lui les Colonnes d'Hercules. Son Parlement, qui dominait sur tant de mille lieues quarrées & de millions de Plaideurs, ne verra plus le Poitevin, l'Habitant de Lyon, l'Auvergnat, le Champenois, le Picard, &c. &c. accourir pour salarier ses nombreux suppôts, & manger d'avance, en pure perte, le champ qu'ils se disputent. Le ressort de ce fameux Sénat n'égalera pas celui du Bailliage de Vire; mais au fond, ce n'est un mal que pour Paris.

Les autres Tribunaux de cette Capitale démantelée, n'existeront plus, ou n'auront qu'une bien mince existence.

Cet immense Archevêché deviendra le pendant du petit & très-petit Diocèse de Vence : que fera-t'on alors de tant de vastes Séminaires?.... des Casernes, sans doute...

Que deviendront tant de Colléges fameux, tant d'habiles Professeurs? Que deviendra cette célebre Université qui fut long tems la principale ressource de Paris, la même que Charlemagne appellait sa fille aînée, & que les Lettres, les Sciences, devraient appeler leur Mere ? On y comptait, dès le quatorzième siécle, plus de 40 mille Ecoliers, ayant barbe au menton. C'était pour le tems une assez belle armée, & pour Paris une assez grande ressource ; on y accourait d'un bout à l'autre de l'Europe. L'Université rendait donc toute l'Europe tributaire.

L'industrie, si naturelle aux Parisiens, se déploya aussitôt qu'elle fut protégée ; & depuis plus de deux siécles elle l'a été constamment par nos Rois.

A mesure que Paris s'accroissait, on vit le luxe s'y accroître ; & à mesure que ce luxe augmentait, on vit Paris s'enrichir.

Pourquoi la population de cette Ville est-elle devenue si immense ? c'est qu'à mesure que les riches venaient se fixer à Paris, les pauvres accouraient se placer autour d'eux : c'est que les premiers avoient besoin de ceux-ci pour alimenter leur luxe, & que ce même luxe faisait subsister ceux qui l'alimentaient. Osons le dire, le luxe des riches forme ici le patrimoine des pauvres.

Que le riche supprime sa dépense, voilà tout-à-coup une foule de bras inutiles ; le commerce languit faute d'acheteurs, ou se réduit à l'étroit neceſſaire, & c'est l'enlever à celui que ce ſuperflu faiſait vivre.

Les Fabriques, les Manufactures languiſſent, l'ouvrier eſt ſans travail : on voit nombre de Villes ſe ſoumettre à une double capitation, pour donner du pain à ceux que cette inaction réduit à la mendicité ; détreſſe qu'on n'avoit pas connue depuis long-tems.

Il eſt donc vrai que le ſort d'une foule d'individus tient communément à la deſtinée d'un ſeul. Sa chûte entraîne leur ruine : ſans lui ils ne peuvent rien ; avec lui ils pouvaient tout. La perte d'un tel homme eſt quelquefois irréparable. Celui à qui la nature a ſimplement départi deux bras, ne doit tendre qu'à les occuper. L'architecte deſſine le plan d'une maiſon ou d'un palais, tandis que le ſimple gaſfât pile du plâtre : chacun d'eux fait ſon métier ; mais le pileur de plâtre n'envie point à l'architecte ſa rétribution, pourvu que ſa maiſon ſe bâtiſſe.

Le ſol de Paris n'offre pour toute nourriture à ſes habitans que ce que Rhéa fit manger à Saturne ; des pierres. L'exiſtence du Pariſien dépend de ſon induſtrie, qui en général ſe borne aux arts du luxe : ceux-ci doivent leurs progrès à Louis XIV qui encourageait tout,

& leur maintien aux riches qui seuls peuvent les maintenir.

Chassez les riches de Paris, vous en chasseferez avec eux la moitié de ses habitans. Le peintre brisera sa palette; le graveur jettera loin de lui son burin; le sculpteur son ciseau; l'architecte ira bâtir à Philadelphie & à Boston. Eh! qui entretiendra le bijoutier, l'orfévre, le doreur, le carossier, le sellier, le tapissier! &c. Qui occupera la marchande de modes, dont les doigts magiques changent subitement en or quelques lambeaux de gaze! Comptez aussi comme n'existant pas 1200 Avocats attachés partiellement à tous les Tribunaux, 800 Procureurs, 10000 subalternes enrôlés dans cette Milice; comptez pour beaucoup l'inaction des Notaires, causée par l'absence de tant de grands Seigneurs & de riches Citoyens; l'inaction des Manufactures que Paris renferme; la cessation de tout débit, ou à peu-près, chez les marchands d'étoffe de haute valeur; la cessation de tout travail dans tous ceux de premiere nécessité. (1)

---

(1) La suppression des Ordres Religieux & des Maisons Ecclésiastiques, chassera de Paris plus de 100000 âmes qu'elles alimentaient par leurs aumônes, ou qu'elles faisaient vivre en leur procurant du travail.

La suspension, l'inaction de tous les Tribunaux, autorise l'absence des Magistrats; ce qui forme encore un vuide immense dans cette Capitale, & peu de moyens se présentent pour le remplir.

De grands Etablissemens avaient rendu nécessaires de grands Edifices, tels que le Palais, l'Ecole de Droit. L'institution disparoîtra, & les Edifices resteront à la charge de Paris déjà trop surchargé. (1)

Combien de superbes hôtels ne sont plus aujourd'hui que de tristes solitudes! Parisiens! ils renfermaient les sources de votre opulence! elles ne coulaient que pour vous, elles coulent actuellement pour d'autres.

Qui repeuplera cette nouvelle Ville si magnifiquement & si rapidement bâtie ? A peine le

---

Il est impossible d'employer au labourage & aux arts grossiers le nombre infini d'ouvriers qui sont employés dans Paris aux arts de luxe; ainsi il serait nécessairement réduit à tendre les mains, ou à voler.

Le produit des entrées & des impôts indirects, était immense dans cette Ville : il sera réduit presque à rien par la diminution de la population ; & cependant les dépenses sont augmentées de plus du triple, par le nouvel état des choses.

foleil a defféché fes murs, & ils font abandonnés !

Celui qui fit conftruire ces riches Edifices, efpérait en jouir, ou en recueillir les fruits. Une maifon eft un bien dans cette Capitale, & un bien plus productif que la terre même ; mais une maifon n'eft utile à celui qui la poffede, qu'autant qu'elle eft habitée : c'eft fur la foi publique, c'eft fur la permanence des Loix qui asfurent la propriété, que tous ces Edifices ont été conftruits : les abattre ou en chasfer ceux qui les habitent, n'eft-ce pas toujours la même chofe ? N'eft-ce pas toujours les rendre nuls pour ceux à qui ils devaient être utiles ? N'eft-ce pas en un mot toujours les détruire ? La confervation des droits & des poffesfions de chaque individu eft la bafe & la fource de toute la fociété. L'homme vivrait ifolé, s'il ne trouvait pas plus d'avantage à vivre réuni.

La légereté fe mêle à nos jugemens les plus graves : on eft vulgairement perfuadé que renverfer une grande fortune, c'eft fimplement la répandre, & en faire part à un plus grand nombre d'individus. Non, c'eft la détruire. Partagez cent mille louis entre cent mille mendians, ils mendieront encore huit jours après,

& l'homme qu'on aura dépouillé deviendra lui-même un mendiant de plus.

Montagne a dit : votre vie est une des pièces de l'Univers. Celui qu'on dépouille peut dire à son tour, ma fortune est une des pièces de la fortune générale : vous ne pouvez l'anéantir sans que le reste en ressente le contre-coup. Ma maison gênoit la voie publique : on peut l'abattre ; mais il faut me mettre à portée d'en bâtir une autre, sinon voilà une propriété de moins dans l'État. Retranchez tout ce qui nuit au général, & n'enlevez jamais rien au particulier. La propriété peut changer de forme ; le propriétaire a des droits irréfragables sur le fonds. On ne peut détacher une pierre du château le mieux bâti sans lui causer quelque ébranlement ; & si l'on continue, on le verra s'écrouler. La propriété générale, c'est le château : la propriété d'un seul, c'est la pierre.

Ce n'est que quand vous mettez la vie d'un seul homme au pair de la vie de tous, que le Citoyen peut se dire libre & se croire en sûreté. Il faut que l'Univers s'ébranle pour que ma vie puisse être menacée ; tel pouvoit être le Proverbe du Français.

Au surplus, faudra-t'il, pour repeupler les

extrémités de Paris, y faire refluer tous ceux qui habitent le centre? Ils feraient mieux logés, sans doute. Reste à savoir ce que l'on fera de cette partie centrale; je n'en sais rien. Consultez quelque habile Économiste; il vous conseillera de tout abattre, de tout dépaver, d'y faire passer la nouvelle charrue, & d'y établir un vaste marais: alors les Parisiens auront de plus près sous leurs mains leurs choux, leurs navets & leurs carottes.

Qu'avez-vous, en effet, besoin, dira-t-il, de ce petit cloaque enfermé par les deux bras de la Seine, & qui fut si justement nommé jadis *Lutetia*, ou *Ville de boue*? Il n'a point dérogé à son premier nom. Il contient, je l'avoue, un Temple assez majestueux, quoique gothique; mais chacun sait que ce Temple ne servira bientôt plus à rien. On en peut dire autant de ce Palais de Justice, rebâti si somptueusement. Un Bailliage doit être plus modestement logé qu'une Cour de Pairs. Ainsi rasez tout; que Lutèce redevienne aussi fangeuse qu'autrefois; nous aurons en elle un marais bien productif.

Point de grace pour le quartier pédantesque qu'on nomme aujourd'hui l'Université. Julien dit l'Apostat, nous apprend que jadis la vigne y croissait

croissait à merveille : qu'on la replante ! nous aurons désormais plus besoin de vins que de Docteurs. Sur-tout qu'on n'épargne point cette longue & mortelle rue, où gissent sans honneur & tristement entassés l'un sur l'autre, les Corneille, les Paschal, les Labruyere, les Bossuet, les Fenelon, les Molière, les Racine, les Boileau, les la Fontaine, & jusqu'aux Voltaire même. Leur règne est passé. Mais, de grace, réservez une échope où se distribueront le Courier Français, le Courier de Brabant, celui de Madon, & tant d'autres chefs-d'œuvres de la même forme & de la même force.

Que les rues Saint-Denis, Saint-Martin, & tant d'autres rues mercantilles qui les environnent, toutes à peu près devenues inutiles, redeviennent ce qu'elles étoient avant la troisième race, c'est-à-dire, une forêt. Alors Paris n'aura point à craindre la disette de bois. Quant à celle de pain, la prudence de ses Négociateurs, le courage de son Armée sauront sans doute y pourvoir.

De plus, ceux qui ont besoin de travailler pour vivre, l'abandonneront pour aller travailler & vivre ailleurs. Dès-lors, beaucoup de mangeurs de moins ; & dès-lors aussi, comme on le voit, un grand bien pour Paris; mais sur-

* B

tout un grand soulagement pour M. de V..s.

Parisiens ! la raison & la vérité ont le droit de varier leurs tons. Je quitte celui-ci pour en prendre un autre. Le cas l'exige. Il n'est plus temps de vous abuser vous-mêmes. L'ennemi n'est point à votre porte, il est chez vous. C'est lui qui vous entretient dans de vaines terreurs, qui vous fait oublier ou contrarier vos plus chers intérêts. Vous ne redeviendrez jamais ce que vous étiez ; mais vous pourriez être encore quelque chose ; votre Ville peut reprendre encore une grande partie de son éclat, être encore la premiere Ville du Royaume. Elle pourroit l'être, dis-je, si, malgré vos pertes, vous savez faire un bon usage des moyens qui vous restent.

Ceux que vous n'avez plus, sont perdus sans ressource, & sont incalculables. Ceux qui vous sont restés peuvent doubler de valeur ; de même que l'homme qui a perdu un bras, sent l'autre se fortifier de jour en jour à force d'en faire usage.

Comptez votre local pour peu de chose, & votre sol pour rien : ni l'un ni l'autre ne pourraient vous enrichir, ne pourraient prévenir votre ruine.

Vos deux ruisseaux réunis, la Seine & la Marne, ne vaudront jamais la Tamise ; elle compte mille navires dans son port, le vôtre ne compte que la galiote de Saint-Cloud.

Londres serait riche sans avoir besoin du séjour des riches. Eux seuls, & uniquement eux, peuvent garantir Paris de la plus horrible pauvreté : bientôt les lambeaux de la misère succéderont aux livrées du luxe ; & ce luxe ne peut vous quitter sans emporter avec lui votre nécessaire ; & cependant vous n'épargnez rien pour éloigner de vous ceux dont il ne peut lui-même s'éloigner, sous peine d'être anéanti.

Jettez les yeux autour de vous ; quel vuide épouvantable vous environne ! Plus de banlieue, plus d'étendue de ressort, plus d'attributions extraordinaires, plus de Pactole privilégié qui conduise dans la Capitale tous les tributs de l'Etat. Que deviendrez-vous donc ? Je l'ignore ; c'est un problème que vous seuls pouvez résoudre.

C'est du choix que vous ferez, que dépend votre sort.

Tels & tels d'entre vous ont consacré toute leur fortune à faire construire des maisons, ou hôtels ; il faut que ces maisons & ces hôtels soient occupés ; il faut que les vastes magasins des rues Saint-Denis, Saint-Honoré, &c., s'épuisent & se remplissent, pour s'épuiser encore ; il faut que l'industrie, particuliere aux Parisiens, reprenne son activité. (*)

(*) Le mot de liberté sera toujours celui dont on abusera le plus facilement. Il est sujet à tant d'interprétations ! Les uns pensent que tout est permis à l'homme libre ; les autres, que la liberté procure les talens que l'on n'a pas acquis. Voici sur ce dernier un exemple familier ; c'est la suppression des Maîtrises qui me le fournit. Est maintenant Maître qui veut, & souvent même sans se douter du genre de travail qu'exige la profession qu'on embrasse. De-là bien des méprises, bien des abus dont le Public est toujours la victime, sans savoir à qui s'adresser dans ce cahos pour trouver mieux. Plus de Surveillans, plus de frein, plus de sûreté pour le Public ; & qui plus est, le goût & le talent chassés d'un attelier par l'ignorance & la mal-adresse. Ce n'est pas le moyen d'entretenir l'émulation parmi ces Artistes & même parmi ces Ouvriers distingués dans leur genre ; & point de progrès sans émulation.

Comment donc faire, va-t'on me dire ? Faudra-t'il payer encore très-cher le moyen de se livrer à des travaux souvent aussi difficiles que pénibles ? Non, répondrai-je : je demande seulement que vous sachiez le métier que vous prétendez faire ; que vous en don-

Il faut que les beaux Arts produisent encore des chefs-d'œuvres de toutes espèces ; que nos Spectacles mourans ressuscitent. C'étaient eux qui dans Paris enchantaient le Citoyen, & attiraient l'Etranger. Mais Lyon va nous enlever notre Opéra, & Bordeaux notre Comédie.

N'oublions pas que Paris est la Vénus qui brigue la pomme, & qui a besoin de l'obtenir ; il y parviendra en promettant des plaisirs ; elle lui échappera s'il manque à sa parole.

Mais pour la tenir plus facilement, que Paris revoye dans son enceinte ceux qui, en le quittant, n'y ont laissé que la misere, & dont le retour ramenerait l'opulence.

Parisiens, on vantait autrefois la douceur de vos mœurs, l'aménité de votre caractère ; qui donc vous a fait perdre un tel avantage ? vous en jouissiez dès le troisième siécle. On sait que le plus éclairé des Empereurs Romains préférait sa chere Lutèce à la Capitale du

---

niez des preuves, & qu'on vous fasse subir un examen peu dispendieux ; c'est-à-dire, chargé seulement des frais indispensables. Il est essentiel dans une grande Ville, & que vous teniez, comme à Londres, à une Corporation qui ait droit de vous inspecter, & que vous ne flétrissiez point par votre ineptie la prépondérance que cette Ville avait acquise dans tel ou tel genre ; prépondérance à laquelle tient, à la fois, sa gloire & son bien-être.

Monde. Lutèce était pourtant & bien mesquine & bien sale. Le moral de ses habitans faisait oublier son physique.

Nos premiers Rois, & toute la premiere Race, vous vouerent le même attachement; vous devez encore plus à celle qui regne. Vous lui devez, dis-je, votre grandeur & votre liberté; vous fûtes, dans tous les tems, la Ville favorite des Rois Capétiens : sentez tout le prix de cette faveur. Paris, me direz-vous, n'est pas un favori sans mérite. Non, sans doute ; mais ce sont les Rois qui ont créé le mérite & le favori.

C'est, je le repete, leur présence qui vous a valu celle des grands du Royaume, & celle-ci vos richesses. Leurs Fermiers n'ont plus travaillé que pour vous : leurs écarts même vous ont été utiles : vous êtes perdus, s'ils s'avisent de devenir sages.

Paris est devenu la plus superbe Ville du Monde, & son local est abandonné ! L'habitant le fuit; l'Etranger cesse d'y paraître. On devine aisément la cause de cet abandon universel. Faites-la donc cesser. Par-tout le Peuple demande du travail & du pain : qui lui en donnera ? On ne cesse de l'animer contre ceux qui peuvent seuls l'occuper & le nourrir.

Cet étrange délire est inconcevable ! Qui peut donc l'entretenir ? Toute cause de jalousie cessé d'exister; les Nobles ont renoncé à tout privilége pécuniaire; & toutes les classes ont le droit de prétendre aux mêmes emplois. Tous les hommes, je l'avoue, ne seront jamais égaux en moyens, soit moraux, soit physiques. L'un, plus favorisé de la fortune, établit une Manufacture, & a, de plus, le talent de la diriger. L'autre n'a que celui d'y figurer méchaniquement, & c'est le plus grand nombre. Mais si l'on maltraite, ou si l'on dégoûte le Manufacturier, il ramassera les débris de sa fortune, fermera ses atteliers, & plusieurs centaines d'hommes seront condamnés à l'inaction & à la misere. Il en est de même des châteaux brûlés par tant de furieux. Brûler un château, c'est brûler en même tems un village (*).

Une Nation juste & généreuse, dont les Représentans ont mis les Créanciers de l'Etat sous la sauve-garde de la loyauté Française, sentira qu'il n'est pas plus permis de dépouiller un possesseur légitime, que de ne pas remplir ses engagemens envers un créancier. Elle se gardera bien sur-tout d'armer des citoyens contre

―――――――――――――――――――

(*) C'est en particulier le Fauxbourg Saint-Antoine qui souffre le plus des émigrations causées par les troubles; plus de dix mille, tant Maîtres d'atteliers qu'ouvriers, sont sans travail. Qu'on interroge à ce

leurs concitoyens, & d'allumer un incendie qu'elle ne serait bientôt plus à portée d'éteindre.

Et vous, Parisiens, n'oubliez pas que votre Ville a pour rivales toutes les grandes Villes; elles vous épient sans cesse, elles font leur profit de ce qui vous échappe; elles accueillent ceux que vous repoussez. Votre puissance apparente excite leur jalousie, & votre orgueil irrite leur amour-propre. Osez moins, hasardez moins, & réfléchissez davantage. Renoncez à l'ostracisme & aux proscriptions; leurs effets seront toujours aussi honteux que déplorables. C'est détruire de vos propres mains la Reine des Cités, pour bâtir sur ses ruines la triste & pauvre Salente.

Autre avis salutaire. N'affichez point une primatie insultante sur toutes les grandes Villes du Royaume. Athènes eut les mêmes prétentions sur toutes les Métropoles de la Grèce, & Athènes périt.

---

sujet les Menuisiers & les Tourneurs en meubles, les Sculpteurs en bois & en plâtre, les Ebénistes, les ouvriers en cuivre, &c. &c.; tous attesteront le fait pour leur propre compte.

Ce serait une grande erreur de croire que l'Agriculture peut seule suffire aux besoins d'un grand Royaume. La France contient, selon M. Necker, 26,954

Mais vous avez de justes réclamations à faire, & l'espérance la mieux fondée qu'elles seront accueillies. La Mere commune de toutes nos villes, l'Assemblée Nationale, ne prendra point à tâche d'anéantir la Capitale d'un grand Empire; celle qui en forme à elle seule la vingt-cinquième partie; celle qui forme à elle seule la cinquième des revenus de l'Etat. Elle périra d'inanition, si on cesse de l'alimenter. Peu vous importe les changemens de forme, pourvu que les équivalens compensent le fond. Votre Parlement vous est enlevé; mais il peut être remplacé par une Cour Souveraine, dont le ressort, sans avoir toute sa premiere étendue, pourrait en renfermer encore une très-considérable. On parle d'un Tribunal suprême de Revision, pour toutes les grandes

---

lieues quarrées, & 126,613,198 arpens, dont on évalue les terres productives à 101,290,559 arpens, déduction faite du neuvième pour les terres sans valeur, les rivieres, les chemins, &c. : de manière qu'en comptant par tête les 25 millions d'individus que renferme la France, chacun d'eux seroit propriétaire d'environ 4 arpens; c'est-à-dire, de 40 à 50 liv de revenus.

La Chine, privée de tout commerce, est le pays de la terre le mieux cultivé, & en même-tems le plus pauvre Royaume du monde.

affaires que les Parties voudront y apporter de toute l'étendue du Royaume. Ce Conseil remplacerait celui du Roi ; & ce Tribunal pourrait-il être mieux placé que dans la Capitale ? N'hésitez point de solliciter cette juste préférence, & tout annonce que la Diète Française vous l'accordera.

En effet, la Capitale de l'Empire des Français offrira toujours une source plus abondante que toute autre pour y puiser à son choix les talens & les lumieres qui peuvent composer & illustrer un grand Tribunal ; &, dès-lors, il sera plus facile à ce même Tribunal d'acquérir & d'obtenir la confiance universelle, toujours si impérieusement nécessaire.

Disons aussi, que la Capitale sera toujours un point de réunion plus naturel & plus intéressant que toute autre partie du Royaume. L'Amateur des arts, des sciences, & des autres objets que la Province ne fournit pas, y réunira l'instruction aux affaires, & l'agrément de pouvoir en poursuivre plus d'une à la fois.

D'ailleurs, priver subitement une Ville immense des avantages auxquels tient son existence, ce serait vouloir qu'elle cessât subitement d'exister. L'étendue de son ressort judiciaire était pour Paris une véritable dotation, comme c'en est une pour toute autre Métropole. Il faut plus de moyens d'existence à une grande ville qu'à un simple village. Ce ne fut point par hazard que tel ou tel établissement fut placé dans tel lieu plutôt que dans tel autre. Colbert, en accordant le privilége d'une manufacture, se réservait toujours le droit d'en assigner le local.

Le grand nombre d'attributions accordées à Paris, tendaient, comme on l'a déja dit, à maintenir sa population. Elle est parvenue à son comble, & c'est dans cet instant même qu'il se voit menacé de ne plus compter ses jours que par ses pertes.

Le Département de Paris n'aura plus que 30 lieues quarrées de superficie. Sa Généralité en renfermait 3000, & son Election près de 300. Cette réduction enleve à Paris un concours qui lui était fort utile. Une foule d'individus qui apportaient leurs contributions dans la Capitale, n'auront plus les mêmes occasions d'y faire des achats & d'autres dépenses. Qu'on prescrive la même restriction à l'égard des Tribunaux ; & voilà Paris réduit à rien.

Cependant le motif qui a contribué à le faire priver des quatre-vingt-dix centièmes de son territoire, paraît être sa nombreuse population. Ne serait-ce pas plutôt une raison pour l'étendre ? On sent que plus la population d'une ville est considérable, plus son territoire doit l'être pour subvenir à ses besoins. L'égalité serait dérisoire, si chaque individu Parisien n'avait à sa disposition qu'un atmosphère de 15 pieds, tandis qu'un individu Provincial en aurait un de quatre à cinq cens.

Une autre question s'élève. Paris aura-t-il des Juges soldés, ou non soldés ? Il n'a d'autre intérêt dans cette question que parce que les uns consommeroient plus que les autres ; mais elle importe à l'Etat entier, vû la somme prodigieuse qu'exigerait le remboursement des charges & les honoraires des Juges. Le remede est sous votre main. Attachez une grande considération au titre de Magistrat, & vous verrez les plus riches Citoyens travailler à se rendre dignes d'en bien remplir les fonctions, & les remplir parfaitement. Déja plusieurs Tribunaux en ont fait publiquement la proposition. Chacun sait que même dans les Tribunaux des Provinces, les places de Magistrature coûtent de l'argent, & n'en rendent pas. Peut-être, enfin, serait-il dangereux d'avoir pour uniques Magistrats des hommes, qui ont pour unique subsistance les appointemens de leur place. Osons le dire, la probité habite souvent sous le chaume ; mais il n'est pas moins vrai que, dans tout Etat bien réglé, l'homme riche sera toujours moins exposé à la séduction que l'homme pauvre. La fortune du premier devient le garant de sa rectitude. Joignons ici la double dépense, bien gratuite, & de rembourser les anciens Magistrats, & de salarier les nouveaux. Disons de plus encore, que jamais l'argent n'a enfanté de grands efforts de génie, & encore moins de grands efforts d'héroïsme. Athènes choisissait toujours des Magistrats dans la classe des principaux Citoyens, & rien ne nous apprend que l'Aréopage ait jamais été à la solde ni de l'Etat, ni du Particulier. (*)

(*) » Les Membres de l'Aréopage étaient pris » entre les Citoyens distingués par le mérite & l'inté- » grité, la naissance & la fortune ; & leur équité était » si généralement reconnue, que tous les Etats de la » Grèce en appellaient volontairement à eux.

« Ils étaient si désintéressés qu'ils ne recevaient rien, » ou presque rien, pour leur droit de présence aux » jugemens qu'ils prononçaient ; & si intégres qu'ils » rendaient compte de l'exercice de leur pouvoir à » des Censeurs publics, qui, placés entre eux & le » peuple, empêchaient que l'Aristocratie devînt trop » puissante ».

On se rappellera qu'Athènes était alors un Etat démocratique.

Voyez le Dictionnaire Encyclopédique, aux mots Aréopage & Aréopagiste.

Paſſons à un autre objet, qui n'eſt peut-être pas d'une moindre importance pour Paris. Cette Ville ſe voit arracher journellement ſon numéraire par les Provinces : chacun ſait que les billets de caiſſe n'y ont point cours, & que c'eſt en argent qu'il faut payer ce qu'elles nous fourniſſent. Qu'on examine combien ces fournitures, ſoit en ſubſiſtances, marchandiſes, & denrées de toutes eſpèces, ſont immenſes, & l'on jugera facilement combien il ſort d'ici de numéraire, même par jour, pour n'y point rentrer. Ce n'eſt pas tout ; le peu de remiſe que fait la Province à Paris, ne ſe payé qu'en billets, par le miniſtère des Banquiers ; ce qui conſtitue encore les Pariſiens dans une perte qui s'élève maintenant au ſol pour livre ; de manière que ſi cet échange vexatoire ſe renouvelle ſouvent, le principal ſera bientôt réduit à rien.

Voilà donc à tous égards un bien triſte dédommagement des énormes dépenſes, des nombreuſes fatigues, & des puiſſans efforts auxquels les habitans de Paris ſe ſont voués ſans réſerve. Ce ſont eux qui ont élevé les premiers l'édifice de la liberté & de l'égalité. En devraient-ils être les premières victimes ? Il n'exiſte, juſqu'à ce moment, entr'eux & la

Province, aucune balance réciproque. Dès-lors Paris a le droit, bien légitime, de demander qu'au moins cette circulation de papiers ait cours dans toute la France.

J'ai déja pleinement démontré que, détruire la propriété légitime d'un simple individu, c'est entamer la propriété générale. Combien de fortunes & de propriétés détruites dans Paris! Les dédommagemens qui feront, fans doute, accordés à ceux dont on supprime l'état, ou dont on anéantit les possessions, pourront feuls assurer à la Capitale une partie de fa restauration, & prévenir le désespoir & les malheurs, qu'une injustice de cette nature pourrait entraîner à fa suite.

Observons, en particulier, que les fortunes de la Capitale ne ressemblent point aux fortunes des Provinces. Le Parisien, proprement dit, est moins jaloux d'acquérir au loin des possessions territoriales, que de placer ses fonds fur l'État, ou de faire construire. Nous venons de voir que les propriétés de ce dernier genre menacent d'être désormais pour lui d'un foible rapport, & que le surplus de fa fortune dépend des fonds qu'il a dans le Commerce, ou de ceux qu'il a chez le Roi. C'est l'espérance de ne point perdre ces diver-

moyens de subsister; qui a soutenu son courage & sa résignation. On sent, d'après ces détails, que le retard des payemens, (qui au fond procure à l'Etat un bénéfice de plus de dix millions d'intérêt,) frappe pour plus des trois quarts sur la Capitale, & force à des expédiens ruineux ceux que leur situation ne met pas à portée de pouvoir attendre. Nouveaux droits bien réels à de justes indemnités.

Il est superflu d'observer qu'une banqueroute, faite aux Créanciers de l'Etat, achèverait d'accélérer la ruine entiere de Paris. L'Assemblée Nationale a mis cette créance sous la sauve-garde de la loyauté Française. Un tel décret tient trop au droit sacré de la propriété, pour laisser aucun doute sur son exécution.

Au surplus, j'approuve les Parisiens de se dissimuler, autant qu'ils le peuvent, les pertes qu'ils ont déjà faites, la diminution de leur commerce, l'inaction de leurs travaux, malgré le séjour de la Cour, celui de l'Assemblée Nationale, & ce concours d'une foule de Députés extraordinaire qui viennent reclamer partiellement l'érection d'un Tribunal. Villes, bourgs, villages, j'ai presque dit hameaux, tous voudraient en avoir un, & un très-important, comme chacun prétend avoir sa Municipalité:

c'est

c'est assez dire que ce concours est nombreux ; &, toutefois, le vuide est encore immense. (*)

(*) Un Journaliste qui paraît avoir pris son parti sur les privations forcées qui nous menacent, nous console dans ces sortes de cas avec les élans d'une morale touchante ; il nous invite à nous enrichir de privations morales, un peu dures à faire goûter aux Parisiens : c'est au sujet de ce qu'il avait dit pour nous préparer à la perte de nos Colonies, que je lui adressai la Lettre suivante, insérée dans le Journal de France par M. l'Abbé de Fontenai, du 28 Février 1790.

J'ai lu, Monsieur, dans le Journal de Paris du 26 Février dernier, un sermon assez philosophique sur la perte de Saint-Domingue, la Martinique, la Guadeloupe, &c. Jamais Sénèque n'écrivit mieux en faveur de la pauvreté. Il est vrai que ce Philosophe écrivait son Panégyrique sur une table d'or, & que l'Empire Romain n'avait encore rien perdu.

J'ignore sur quelle table écrit notre Sénèque moderne ; mais je sais que nos pertes s'accumulent. Il en convient à peu près lui-même. « L'ima- » gination, dit-il, ose à peine considérer les maux qui » résulteraient d'une séparation de la France d'avec ses » Colonies, si cette séparation était *possible* ».

La possibilité n'est déjà que trop démontrée ; &, grace à nos Ecrits, à nos Motions philosophiques, nous touchons à l'évidence.

« La Marine, poursuit-il, le Commerce, & tous les » Arts que le Commerce & la Marine nourrissent, » croient voir leur ruine dans ce déchirement ».

C

Il est cependant vrai que la résidence permanente de l'Assemblée Nationale dans Paris, se-

---

Cette ruine serait inévitable. Plus de Colonies, plus de Marine ; plus de Colonies, plus d'occasions d'exercer nos Matelots ; plus de vaisseaux pour protéger notre Commerce, ou, pour mieux dire, plus de Commerce pour nous. Nous en serons réduits au cabotage, si les Anglais nous le permettent ; & j'avoue que cette complaisance de leur part me semble fort douteuse.

Au surplus, voici quelques mots de consolation. » Dans le sein de l'Empire Français, ajoute encore » l'Auteur que je cite, il y a assez de principes de vie, » assez de sources de fortune pour que les Français y » puisent toujours abondamment tout ce qui est né- » cessaire, non-seulement au soutien, mais à l'embel- » lissement de l'existence ».

Je remonte aux tems où la France n'avait ni industrie ni Commerce, & je n'y apperçois pas d'*existence* bien *embellie*. Elle suppose du moins un honnête superflu, & j'y trouve rarement le nécessaire.

« Qu'importe, poursuit notre Ecrivain : Ayons le » *bon sens* de croire que, *sans être opulent*, on peut » être heureux, & nous aurons, *quoi qu'il arrive, plus de* » *biens qu'il n'en faut pour le bonheur de tous*.

Souvenez-vous, Monsieur, lui répondrai-je, que plus une Nation est nombreuse, plus elle a de besoins, & moins elle est en état de rien perdre ; que plus elle a été riche, & moins elle consentira à redevenir pauvre. Présumez-vous qu'on doive parler à 25 mil-

fait d'une grande reffource pour cette Ville. Mais on ne peut pas fe flatter d'obtenir cet avantage dont Paris n'a jamais joui exclufivement.

---

lions d'individus comme à une poignée d'hommes ? Le nombre des vrais Philofophes eft bien petit. Zénon, ayant tout perdu par un naufrage, fe fit Stoïcien. Tout autre que lui aurait pu fe noyer volontairement: Athènes laiffa vivre Zénon à fa manière ; mais elle fe garda bien de l'imiter.

Quand ceffera-t-on de prétendre gouverner un Peuple immenfe avec des bribes de morale métaphyfique, myftique & purement contemplative ? Il fut un tems où chaque Philofophe de la Grèce effayait de conftruire un monde. Platon, plus modefte, fe borna à *rêver* une République ; mais il n'effaya point de la réalifer. Il eût fallu la peupler d'Anges, & l'efpèce lui manquait.

Quelques Rêveurs modernes n'y ont pas regardé de fi près. Ils ont effrontément publié leurs vifions, & ont accaparé d'autres vifionnaires.

Voici encore un adage tiré de l'article que je viens de débattre : *L'expérience a prouvé que le Philofophe voyait mieux dans l'avenir qu'une Nation entière de Commerçans.* Et notez bien qu'il s'agit ici d'objets de Commerce. Voulez-vous un exemple encore plus moderne de cette prefcience ? On ne peut douter que la liberté des Nègres n'ait été d'abord propofée par un Philofophe, & que cette propofition, moralement bonne, mais politiquement mauvaife, ou du moins préma-

Espérons, au surplus, que bientôt le Trône reprendra toute sa splendeur, & que la Maison du Roi redeviendra ce qu'elle était avant toutes ces mesquines réformes qui l'ont anéantie. Qui peut ignorer combien elle dépensait & combien elle coûtait peu ?

Comptez, sur-tout, sur la bonté, la bienfaisance, la magnanimité de Louis XVI. Jamais Souverain ne porta plus loin ces qualités & ces vertus. Il aimera toujours à revoir sa superbe Capitale ; il ne s'éloignera d'elle que pour y revenir avec une nouvelle satisfaction : il n'oubliera point qu'elle forme une partie de son pa-

---

turée, n'ait dans cet instant des suites fâcheuses. *Je suis riche de privations*, disait une femme célèbre, à qui la tête n'en tournait pas moins quand elle avait dansé avec Louis XIV. J'ignore comment ira celle de nos Dames, quand il ne nous viendra plus ni sucre, ni caffé, &c. &c ; quand nous serons obligés d'acheter des autres ce qu'ils achetaient de nous ; quand le commerce de nos Colonies ne versera plus annuellement plus de deux cens millions en France, où les millions deviennent si nécessaires ; quand tout commerce, toute industrie, deviendront à peu près nuls pour nous.... Labourez, me dira-t-on. Très volontiers, répondrai-je. C'est aussi ce que font les Chinois, qui ne savent pas faire autre chose, & qui, par cela même, forment la Nation la plus laborieuse & la plus pauvre de l'Univers. *Par un Abonné.*

trimoine; comme elle formait une partie de celui de Huges-Capet, avant même qu'il régnât sur elle. La préfence de votre Monarque fera pour vous celle du Soleil, qui vivifie tout, & qui raffemble autour de lui les puiffances de notre haute région; mais que ce même Soleil conferve tout fon éclat naturel. On n'allait point à Sparte voir fes deux Rois manger leur fauce noire. On allait, au contraire, à Athènes fe promener dans les jardins délicieux d'Épicure, & admirer le riche Palais de Périclès.

F I N.

De l'Imprimerie de VALLEYRE, rue vieille Bouclerie.

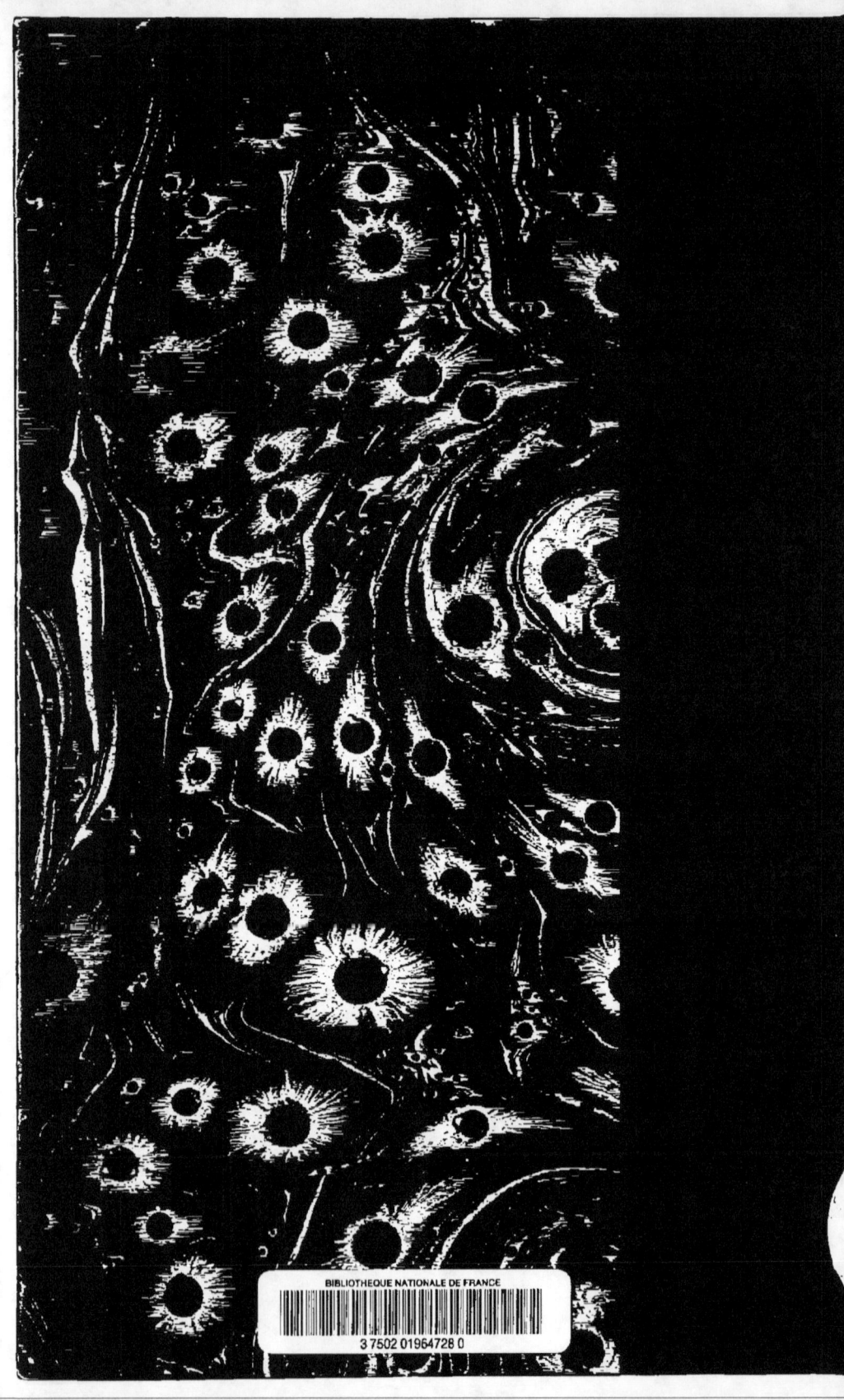

www.ingramcontent.com/pod-product-compliance
Lightning Source LLC
LaVergne TN
LVHW050621090426
835512LV00008B/1596